AF617536

CÓDIGO IRIS

Poemas creados con motivo de la exposición
Lo que capturan la mirada y la palabra, sobre fotografías
de Julio Hidalgo y Francis Villegas (Badajoz, 2022-20/24) y otros
dos nuevos

Fernando León

CÓDIGO IRIS

Instantes captados por Julio Hidalgo (I)
Instantes captados por Francis Villegas (II)

Colección Leche de Burra

Poesía

editamás

Primera edición: julio 2025

Foto de solapa: Christian Polanco
Dibujos a plumilla de cubiertas e interior: Fernando León
Fotos de la serie Instantes I, de Julio Hidalgo
Fotos de la serie Instantes II, de Francis Villegas

EDITA:
Editamás, editorial y contenidos digitales

The mark of responsible forestry

DEPÓSITO LEGAL:
BA-000452-2025

ISBN:
978-84-120502-9-5

MAQUETACIÓN, IMPRESIÓN Y PEDIDOS:
www.editamas.com
924 18 07 91

«No siempre soy igual en lo que digo y escribo.»
(Fernando Pessoa)

«Los hombres son vino bebido, libro leído.»
(Paul Verlaine)

«He visto que las cosas cuando buscan su curso encuentran su vacío.»
(Federico García Lorca)

prefacio

Nos hallamos en un contexto civilizatorio en torno a la poesía en tiempos difíciles -y ricos-, que aun con amenazas e incertidumbres espero sea cada vez más vivo de convivencia pacífica, tolerante, creativa; con buen uso de la palabra, la razón, la política, la ciencia, el pensamiento y el arte para que los jóvenes no sean la parodia de profecía autocumplida que procuran sectores involucionistas que prostituyen el lenguaje para instalar un relato para justificar totalitarismos. La palabra y las lenguas son para comunicar y crear, no para hacer ruido. Para Borges, «la palabra es lo intrínseco». Y Hölderlin pide en *El Archipiélago* «Déjame escuchar el silencio en tus profundidades».

Con crisis climática, hambrunas, epidemias, pobreza, desigualdades, guerras, depredación de recursos, desinformación, desplazamientos masivos de refugiados e inmigrantes, parece que el mundo se va por un sumidero. Es el mensaje que los caudillos quieren instalar en la opinión pública, con el fin de hacer ver que la democracia y la institucionalidad no sirven, cuando lo cierto es que son la base para la convivencia y un desarrollo sostenible sustentado en los derechos humanos, cívicos, políticos, socioeconómicos, laborales, de igualdad y de justicia social. En realidad hay datos esperanzadores; índices que indican que se van resolviendo problemas, de poco a poco, no de modo uniforme ni todo el tiempo en todos los sitios, pero sí, con mucho esfuerzo se avanza. Y la poesía, como el resto de las artes, es un punto clave civilizatorio. Sí, es útil en su esencia creadora para iluminar en la oscuridad, nutrir la mente y el corazón, sanar heridas del alma y remover los panales del *statu quo* para polinizar los ecosistemas humanos.

María Zambrano propone en su *Razón poética:* «La poesía vendría a ser el pensamiento supremo para captar la realidad íntima de cada cosa, la realidad fluyente, movediza, la radical heterogeneidad del ser»; superando «la dicotomía entre la razón estrictamente lógica y la intuición», unidas en una noción superior que desarrolla en *La Razón en la sombra* y en *Claros del bosque,* explorando «la relación entre pensamiento racional y lo poético» para «comprender la realidad desde una perspectiva más completa y humana». Y aunque el consenso sobre realidad parece hoy roto, aún fortalece *la razón poética* que desmitifica el baudelairiano «ser sublime sin interrupción», tan purista, y tan agotador.

La razón poética -y su dimensión ética- que Zambrano halla en Parménides, Juan de la Cruz, Hölderlin, Machado, Heidegger, o Unamuno -que también ejercita el gremio *Maldito* , Baudelaire, Mallarmé, Rimbaud, o Nerval, Poe, Artaud, L'isle Adam, Kerouac, Ginsberg, Panero o Haro Ibars, cada uno en su ser-, lleva a «estar en la vida comprendiéndola en completud» y a buscar la propia. Como Celaya -cantado por Paco Ibáñez y Serrat-, no concibo la poesía «como un lujo cultural de los neutrales», ni lujo a secas; y su «arma cargada de futuro» -«de bromuro», diría Panero-, tiene sentido como metáfora de resistencia, como el de «alegría» para Almudena Grandes.

Escribe Heidegger en *Hölderlin y la esencia de la poesía* : «Sólo la poesía, que es la esencia del lenguaje, puede preparar adecuadamente el advenimiento del ser». Huidobro dice en *Altazor* : «Un poema es una cosa que nunca es, pero que debería ser». Virgilio lo condensa en un verso que puede explicar el mundo: «Los árboles se han repartido sus patrias». Baja a la calle Alberti en su *Encuentro metafísico* : «Hoy me tropecé con la vida en una esquina». Pacheco tiene en su «estética antipoética» la razón «de los desheredados». Valhondo halla en la poesía «el conocimiento del hombre». Ángel Campos desvela y oculta en *Cal-i-grafías* : «El día no contiene los espacios / ni el vacío habitable del poema / la imagen del que lo escribe.» Y Pessoa interpreta en *El poeta es un fingidor*, musicado por Silvia Pérez Cruz, que «El poeta es un fingidor. / Finge tan completamente / que hasta finge que es dolor / el dolor que en verdad siente».

Sirva esta introducción para compartir la razón poética del proyecto editorial *Colección Leche de burra* , expresamente creada para esta edición, que consta de cuatro inéditos: *Pasajero en la niebla, La piedad del crimen, Poemas en busca de libro* y *Versos des-a(l)mados;* y la reedición de *Babel - Al Límite* (opúsculos libros-objeto), *La pasión de un loco, Guillermina* -de 1983 a 2023, selección revisada y con algún texto más reciente-, y *Código iris* (2023/24). La edición es como lote de los ocho libros, o bien cada uno individualmente, diseñada con el esmero y la pulcritud con que se ha creado su contenido, que se presentó en una lectura pública titulada *De quimeras y entelequias* , en el Aula Ámbito Cultural, de Badajoz, en abril de 2025.

Código Iris es la concreción poética posterior al catálogo de la exposición Lo que capturan la mirada y la palabra (Otoño 2023, Aula Ámbito Cultural), con textos construidos en torno a dos series fotográficas de Julio Hidalgo --obsesión cinematográfica con el detalle-- y Francis Villegas –fotoperiodista atento al «instante decisivo» de Bergson–.

Esta edición se centra en la expresión en verso a partir de la imagen, con los poemas revisados y la aportación de dos nuevos. Es la crónica de sendas series de instantes impresos en los despojos de la arquitectura, consciente o no, de unos relatos poéticos en verso sobre todo, pero también algunos en prosa, que pueden ser concordantes, complementarios, disgregadores, o rupturistas

Son 26 textos –y fotografía; antes 24– que, ahora independizados, pueden leerse de modo descriptivo o de exégesis. Son composiciones en verso –cortos: dístico, haiku, tanka, epigrama; o más extensas: libres– y alguna en prosa poética, que hacen el proceso inverso de la idea original, una foto-lectura de lo que captado a través del objetivo, como una foto de la imagen pero a través de la palabra, en una mixtura expresiva entre lo sensitivo, evocativo, conceptual, impresionista, diseccionador, lúdico, manierista, estético, historicista, apenas sentimental mas con sentimientos y que la crónica de ese instante-sinapsis –consciente, subconsciente o inconsciente-- conforme un relato; sí, pero un relato poético, con su razón de ser en el punto de vista.

Código Iris es la emancipación literaria, la eclosión de un poemario en relación a unas imágenes que inciden en su núcleo poético, en sentido abstracto propio. E intensifica su inmersión en el texto como deconstrucción primero y reconstrucción después de cada poema, de su estructura sintáctica, ordenación del mismo en su identidad y en relación al resto de la estrofa; cada palabra, silencios y espacios; en cada corte y continuidad con el palpar del ritmo al compás del significado, de la idea con su visión-ubicación, del juego, la sentencia, la propuesta, la interrogación, la duda, o lo elemental.

Es en ese proceso de depuración en el que aflora Código Iris liberando/enfocando el poema para ceñirlo a su sólo significado solo. El poemario eclosiona como metáfora de diagnóstico a través de esa parte del ojo, el iris, como punto de fuga y escape en el horizonte interior de la psique, con la historia en la retina, y donde cabe toda la perspectiva en cualquier extensión de la geometría compositiva, porque no importa la dimensión, importa la proporción y la profundidad aun en línea recta; e importa la complicidad.

El Ojo (dibujo de portada) registra, disecciona, analiza, interpreta, codifica y archiva lo mirado --incluso a veces lo no visto-- y su significante en tránsito al cerebro, neurona a neurona, de sinapsis a apoptosis y así en cada ecuación de la vida, todos los (anti)cuerpos, todos los objetos, toda relación, la cosmovisión de todos los paisajes interiores y exteriores. Y hasta los algoritmos que implosionan con el verso, la música, el pensamiento y el arte.

«Déjame escuchar el silencio en tus profundidades.»
(*El Archipiélago*, F. Holderlin)

«Dad al sueño también lo que es del sueño.»
(*Segundo Sueño*, Gerardo Diego)

«Cuando se hundieron las formas puras / bajo el cri cri de las margaritas, / comprendí que me habían asesinado.»
(*Poeta en Nueva York*, F. G. Lorca)

Instantes I

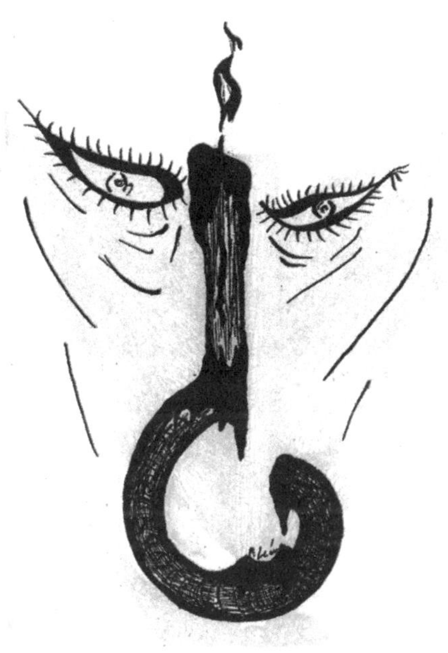

Puente sobre el caos

(Puente, Nueva York)

Arquitectura
trazo en código hierro
de orilla a orilla

ordena el caos
en la horizontal donde
la gente habita.

(Bajo el hierro, el caos
la arquitectura ordena
en la horizontal donde
la gente habita y muere.)

Silogismo falso

(Vías, Estación de Malpartida)

Destino en perspectiva,
transgresión de la geometría,
veracidad de un viaje que elude
el silogismo falso de una estación-término
al fin de las vías del itinerario en paralelo.
El Olimpo no se abre cuando juntas
alcanzan el horizonte, sinó en aquel
lejano punto infinito de cruce improbable.

Tras del muro

(Vegas de Coria)

Tras del muro, el mundo
y sus confines. De la vista
al horizonte, vega inmersa
bajo un arco de medio punto.

Pensamiento en lontananza,
feraz, se expande al trasluz
entre cortinones de nubes,
cúmulos que enredan el cielo.

Fecundidad de huertos, árboles
frutales en la ribera, de caminos,
de montes, de cereal y bosque
hasta obnubilar el punto de fuga.

De la niebla, lágrimas negras

(Niebla en un arroyo)

Arboleda en la otra orilla, desvaída.
Bosque sin matices aflora desde el vientre
de la niebla que se espesa, veladura
deshilachada en gotas de agua
que opacan la luz y la tamizan.

En esta ribera, matorral de juncos
como sombra entre la bruma que se posa.
Al medio, los peces remontan esa vía
del alma que fluye por corrientes
de fondo, en caudal de lágrimas negras.

Abismo de la des-Memoria

(Monumento a la Memoria,
de Francisco Cedenilla, El
Torno, monte mirador en la
sierra Tormantos, El Jerte)

Qué ven una mujer y tres hombres
literalizados en piedra cuando
se asoman al despeñadero, vértigo
al abismo de la des-Memoria.

Qué miran sus ojos de barro
con la sangre y el dolor cincelados
en sus cuerpos desposeídos ante
la historia; con los puños cerrados;

con el alma transfigurada en roca;
síntesis mineral de un acervo ético,
re-señalados en diana. Y nosotros,
qué vemos cuando los miramos.

Al-Qantarat

(Puente de Alcántara, leyenda)

Alcántara, romano redundante,
se autonombra en etimología árabe.
De armonía en proporción, lo indulta
'El Africano' abducido en su rodeo
del estrago del batallar y el tiempo.
Quizá única poesía en la guerra.
Salva el puente el Tajo. Cuelga la espada
de Rodrigo bajo el arco mayor.
Rompe la Raya el luso mientras pasan
el vado soldados de armas bruñidas.

Photosynthesis

(Cuesta de Moyano)

Paraíso de libros en olvido
escanciados entre anaqueles
ocultos en el laberinto de un cordel
de pequeños templos, infinito
cada uno, protegidos en la alquimia
donde ocurre la *photosynthesis*
de la floresta que procura
de árboles y de letras.

Sobre el humedal

(Marismas, San
Fernando/Chiclana)

Camino abierto
por el humedal sobre
la pasarela
atajo en la marisma:
del cultivo
a la pesca.

Cruceiro

(Camino de Santiago)

Código gótico
en la ruta, indulgencia
del peregrino.

Cruceiro, seña
del picapedrero entre
montes y valles.

Talla en bancal
de frutas y parrales,
encrucijada.

Estampanuncio
de la santa compaña
en la neblina

de húmedos bosques,
hasta abrir a los prados.
Farol de piedra.

Polifonía del silencio

(Claustro de la
Catedral de Plasencia)

Entre cantos gregorianos se eleva
el trazado del claustro entre la vieja
y la nueva espiritualidad laica:
columnas de capiteles románicos,
ventanas góticas de arco apuntado
y tracería de barras en piedra.

Como música profana transita
el cisterciense a la polifonía:
luz y disonancias entre los muros
hechos de silencio monacal, críptico
como los códices de pergamino
cosidos, palimpsestos ilustrados.

Crepúsculo casi ocaso

(Atardecer en la arena)

Solo; los pies en el agua. Se pone el sol.
Cielo incendiado de casi azul a gris,
de amarillo casi naranja a casi rojo.
La playa se pierde en los confines
como el mar en el horizonte casi al infinito.

El pescador, en calma, lanza la caña: espera.
Rompen las olas en la arena. Se arremolinan
cada una, cada vez, como susurros de guijarros
que con la luz del crepúsculo casi ocaso, entregan
peces y caracolas casi envueltos y con lazos.

art´Oporto

(Pintadas, casco
viejo de Oporto)

Señalado en la frente negro sobre
amarillo sobre negro, poliojos, polibigotes
en polirrostro sin deconstruir a cubismo,
esencia de una luz, de un carácter, mixtura
de pujanza, decadencia y elegancia.

Trazos falicurvos, polimorfos
en blanco, teja y negro sobre tapias
de *um lar* en ruina con hornacinaltar,
balcón corrido, barandal de forja
y malahierba que escupe el edificio

fantasma *do casco velho* del Oporto *art déco,*
callejero en escalada, *pontes da ribeira e rabelos,*
livrarias, lojas, o porto, Bolhão, São Bento
o *Lar da Música* en contexto de arte en la calle
y de la vanguardia, en Serralves.

Habitado escaparate

(Chica con móvil en un café)

Como si en *Cien años de soledad*, tras del cristal; sin esa atmósfera tensa, más bien tenue; sin el calor del trópico; con una historia por escribir y el tiempo depositado a la espera de un café aún no pedido.

Sentada a un velador ante el ventanal, quizá con música de la vieja *nouvelle chanson française* de fondo, que retienen el muro de fachada y la cristalera para que el sonido no exceda la taberna.

Ansía una llamada; anhelo en un cuadro hiperrealista que exuda vida; rostro quizá tenso, facciones quizá tranquilas; no se ven. Inconsciente, o ensimismada en sus pensares, no es una imagen fija.

Expuesta sin mirada; ojos entreabiertos bajo el flequillo, pelocorto-melenarrubia; leves destellos de luz vespertina y del local, un bar-colmado neorretro *nouveau style* de casco viejo que acoge estados de ánimo con y sin alcohol.

Fluye su imagen en torno a una modernidad calma, de soledad entibada en la tramoya de una mente que buye a la espera de un acontecer en su vida, intensa, sin dolor, sin prisa, de escaparate y de momento presente.

Cuando se la observa desde el otro lado de la luna -en éste, dentro, marca la respiración en ciclos a compás-, se atisba un deseo pospuesto, una paciencia entrenada, capaz de esculpirte un acecho si aúpa la mirada.

Sin recato, en la ajenidad impune de su presencia ve en el móvil un mundo en *stand by* al aguardo de un verso como de Safo a Faón; o faleceo, a Lesbia, de Catulo; áureo de Pitágoras; o en *terza rim*a de Dante a Beatriz.

Aromas de silencio medido en hexámetro arcaico o en endecasílabo, hasta diluirse en *Soledades* con esa historia por escribir -mientras llega su café con *Ne me quitte pas* de Brel en Radio 3 o *Renascença-*, quizá en prosa poética.

Arquetipo de la *gZ,* enmarcada por focos extraños a su tiempo, la visualizan sin ser consciente de mirares que la escrutan -y fijan en sus retinas-. Ella sigue en su ensueño ajena a l@s nadies que pululan al envés de la cristalera.

Instantes II

Relifigtion

(Carantoñas, fiestas
de Acehúche)

Barroca ficción religiosa
dirime la tradición: mártir,
máscaras, milagros al alba
transfigurados por el tamboril
y la flauta; pieles, mantillas de hilo
de lana merina de colores que
revisten símbolos, costumbres.
Figuración étnica, primitiva;
superstición. O cuando
la inteligencia es el instinto.

Ri-to tam-tán

(Jarramplas, Piornal)

Asaeteado el diablo, ladrón de cabras,
a papas y nabos entre piornos
por la pastorada en procesión
sebastiana; arcaico escudo de plagas.

Culto profano con tambor, caretas
con cuernos, nariz y crines; ritual
de fertilidad; trashumancia en cúspides
y valles ampara a la tribu amenazada.

Eco vivo de los designios de Hércules
para vencer el fundamentalismo,
ri-to tam-tán telúrico que no modifica
el gen de la ceremonia popular.

Vereda de fuego

(Los Escobazos,
Jarandilla de la Vera)

Retamas en antorchas,
escobazos que guían
a pastores en la noche.

Ceremonia atávica
con rezos, fuego y vino
en todos los tiempos.

Enfrentamientos lúdicos
que apenas si rehúyen
el século integrista.

Milagrería

(Fiesta de La Luz, Arroyo
de la Luz)

Compite el hombre
a caballo contra éste
y contra sí.

De nuevo en guerra
la luz divina ciega
al enemigo.

Arraiga falsa
la ficción popular
de fe y de fiesta.

Y justifica,
profana y religiosa,
cada batalla.

Sorpresa -o no-

(Batalla de la Sorpresa, 1811.
Arroyomolinos de Montánchez)

¿Qué conmemoran los pueblos
de las viejas batallas: victorias, acaso
desastres, crímenes de guerra quizá?

¿Celebran la sangre, dolor de siempre
los mismos, milagros como la Sorpresa
-o no- en la francesada, su fracaso?

Tanta gesta, tanto milagro, tanta mentira,
tanta ignominia en la guerra. Y de perderla,
¿cuántas posteriores *eludentes;*

acaso la triada de las Luces, guillotina
traída a garrote; o una *Grândola Vila Morena*
con claveles de cultivo ibérico?

Mente anu(b)lada

(Semana Santa, Cáceres)

De sayo blanco,
largo hasta los tobillos,
mente *anu(b)lada*.

Arrastra en público
sangre, duelo y cadenas
en penitencia.

Eslabonado
al fundamentalismo,
noche en silencio.

Plaza Mayor

(Plaza Mayor de Cáceres)

Sosiego -plano cenital- en apariencia.
Late bajo las sombrillas la vida,
la hacendosidad del hormiguero; el cotidio.

Transita la vecindad en sus emociones
frustradurías de complejos aspiracionales,
devaneos que bullen en cada desayuno,

con emulsión de pasiones -y sus deterioros-
que aspiran a que precipite una imagen propia
que mejore la intuida; aun así, con el carácter

taumatúrgico que refulge el marco monumental
del Medievo, llovizna que impregna todo cuerpo
y todo espacio que se dibuja en la plaza Mayor.

Buraca

(Peña Buraca,
Alcántara)

Buraca, calcárea escultura
modelada por la mano del tiempo
y los latidos del agua y la tierra,
emergida del pleistoceno.

A color, peña esculpida, busto
de mirada ciega, hito de roca
en paisaje previo a la montaña.
Aún en bosque adehesado.

Almendro

(Almendro Real, Valverde
de Leganés)

Se emancipa la flor del almendro
coloso de raíz, porte de titán
que puntúa el cielo de rosa y blanco.

Entre la campiña y el monte
entrega el árbol su fruto, maduro,
con abundancia al aparcero.

A contraluz

(Buitre en el Salto del
Gitano, Monfragüe)

A contraluz, ave del paraíso, envergadura de alas, picocorvo con garras; melodía en vuelo; arte bajo el cielo, como pianista en penumbra entre focos y humo.

Silueta en sombra sobre el fulgor del crepúsculo que amarillea y proyecta su magnificencia a bordo del silencio
hasta que el monte y el bosque se disuelven en la noche.

Danza en círculo, armonía de lo salvaje, perfección innecesaria en el orden de lo natural y se posa, divo de su propia divinidad, en su eslabón trófico.

Viento-metal soul/blues

(Womad)

Marea de caricias al alma esparcidas
por la atmósfera densa, colmada de hedores,
feromonas y notas de música negra.

Decibelios que fluyen con partículas de jazz
sinuosas, proyectadas con la tensión que emana
de un trío de viento, elegancia sincopada.

Sincronizan sonidos rotos de instrumentos. Fluye
el *abracadabra* de la magia en armonía con su ritmo
y su presencia sobre el escenario coreografiada.

Ritualizan al compás el soplado en una ceremonia
de soul/blues chamanizada de la sección de metales,
con la *big band* a la espera, atenta a su retorno.

Se infiltra el son en *cadacuerpo quesustenta cadalma*
en comunión con el fraseo que se licúa y conecta
el espíritu con la pasión desoxirribonucleica y el deseo.

Cuarteto re-baleado

(Esculturas de Francisco
Cedenilla, en El Torno)

Esculpida la memoria; re-baleado,
re-matado, re-vivido el cuarteto en sus cuerpos
y en el alma común de las víctimas.

Retoque final ante un paredón de viento
y nubes bajo el cielo por una nueva jauría
de artilleros; otro pelotón, quizá de a uno, o más.

Otra vez re-fusilados, como olvido irónico
del escultor de re-matarlos. Otra masacre
emboscada; homenaje re-victimizado.

Recuerdo en heridas frescas de disparos nuevos
expuestos a contratiempo, mascarón de proa
en El Cerro del Silencio de los montes de
Tormantos.

Como *Peine de los vientos* re-interpretado
ululan desde su corazón de pedernal como botella
de náufrago lanzada a la marea de la historia.

Melero

(Meandro El Melero,
Las Hurdes)

Trazado por la geología, de eras
en círculo abraza el meandro su breña,
abruptuosidad del Cuaternario.

Erosión del agua, orfebrería
de tiempos abiertos -que no se ve-
sobre la roca y el cauce que acoge

el caudal que fluye río abajo, siempre,
hacia mar abierto, a sus arenales y reflejos
de las constelaciones que va buscando

el estuario con su *big data* de sedimentos,
el algoritmo que desvela el verso áureo, el patrón
de las conchas, los archivos de la historia.

El libro Código Iris de la colección
LECHE DE BURRA
terminó de editarse e imprimirse
el día 30 de Julio de 2025
en los talleres gráficos de
Editamás editorial de Badajoz.